DÉFILÉS DE MODE

Fées papillons

DEUX COQS D'OR

Introduction

Matériel

10 fées

13 planches prédécoupées

Un pas-à-pas pour chaque tenue

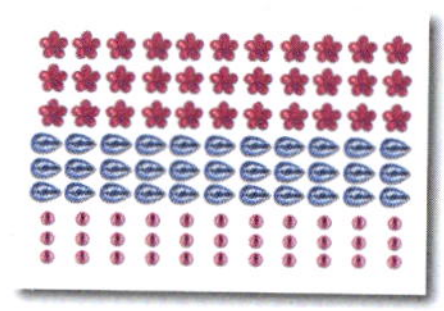

Des strass

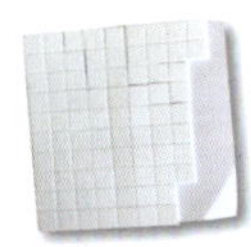

Des pastilles autocollantes

Toutes tes tenues se construisent en volume de la même façon selon les 3 grandes étapes ci-dessous.

❶ *Les planches prédécoupées*

Pour trouver les planches qui correspondent à chaque fée, reporte-toi au code couleur des cadres des pas-à-pas.

Exemple : La fée de la nuit

Cadre du pas-à-pas bleu

Planches sur fond bleu

Attention !
Certaines planches contiennent les éléments de deux tenues.

Fée de la nuit

Fée de la mer

❷ *Les pastilles autocollantes*

Pour assembler et fixer les différentes parties de ta tenue, tu dois utiliser deux types de pastilles autocollantes. Pour les coller aux bons endroits, reporte-toi au code au verso des planches.

Carré foncé = pastille épaisse

Carré clair = pastille fine

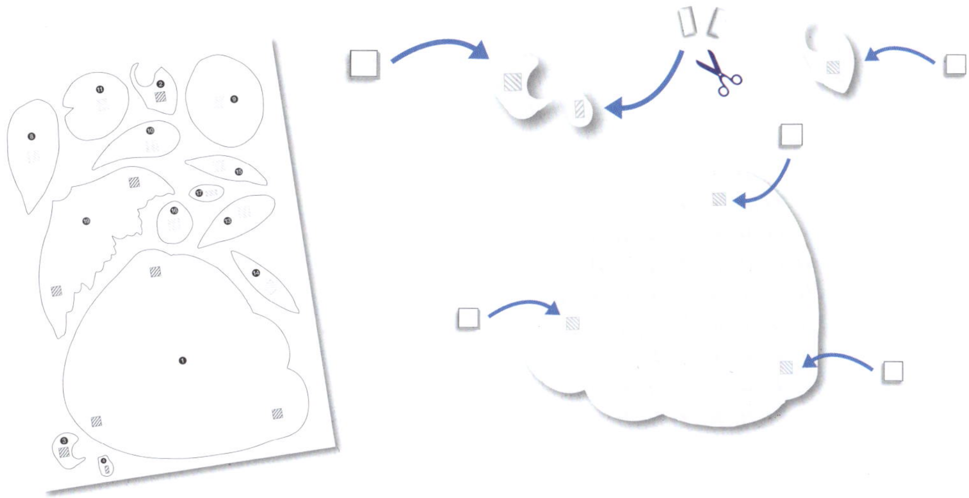

❸ *Les numéros*

Pour les superposer dans le bon ordre, aide-toi des numéros au verso de chaque élément de ta tenue.
Ex. : L'élément n° 1 est le premier à placer sur ta fée.
Vient ensuite le n° 2, etc.

La fée de la nuit

Étape ❶

Détache les éléments des planches correspondant à ta tenue.

Pour construire ta tenue, suis les étapes ci-dessous en t'aidant du pas-à-pas introductif.

Étape ❷

Étape ❸

Étape ❹

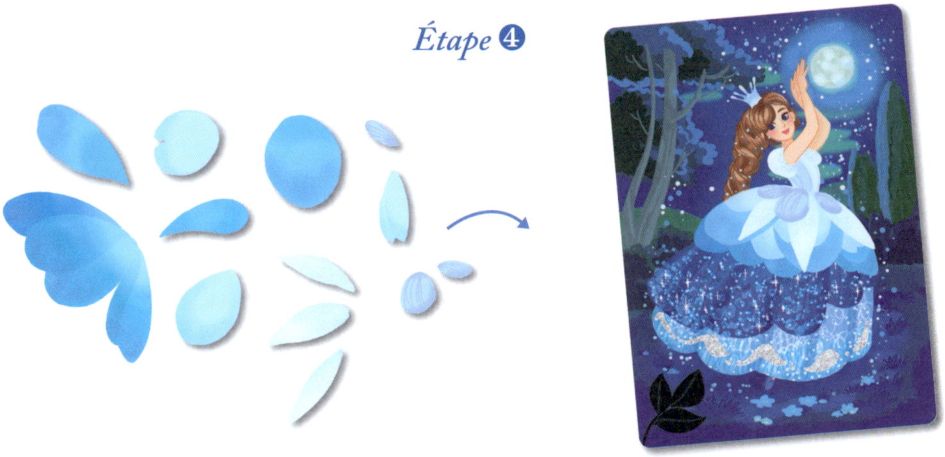

Étape ❺

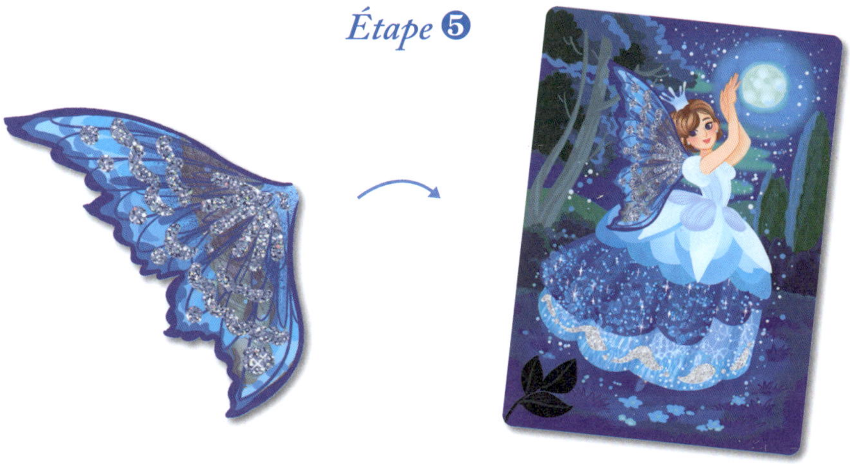

Étape ❻

Tu peux maintenant décorer la robe et les ailes avec des strass !
Inspire-toi du modèle ci-dessous ou suis tes envies.

La fée de la mer

Étape ❶

Détache les éléments des planches correspondant à ta tenue.

Pour construire ta tenue, suis les étapes ci-dessous en t'aidant du pas-à-pas introductif.

Étape ❷

Étape ❸

Étape ❹

Étape ❺

Étape ❻

Tu peux maintenant décorer la robe et les ailes avec des strass !
Inspire-toi du modèle ci-dessous ou suis tes envies.

La fée des papillons

Étape ❶

Détache les éléments des planches correspondant à ta tenue.

Pour construire ta tenue, suis les étapes ci-dessous en t'aidant du pas-à-pas introductif.

Étape ❷

Étape ❸

Étape ❹

Étape ❺

Étape ❻

Tu peux maintenant décorer la robe et les ailes avec les strass et tous les petits papillons ! Inspire-toi du modèle ci-dessous ou suis tes envies.

La fée des nénuphars

Étape ❶

Détache les éléments des planches correspondant à ta tenue.

Pour construire ta tenue, suis les étapes ci-dessous en t'aidant du pas-à-pas introductif.

Étape ❷

Étape ❸

Étape ❹

Étape ❺

Étape ❻

Tu peux maintenant décorer la robe et les ailes avec des strass !
Inspire-toi du modèle ci-dessous ou suis tes envies.

La fée arc-en-ciel

Étape ❶

Détache les éléments des planches correspondant à ta tenue.

Pour construire ta tenue, suis les étapes ci-dessous en t'aidant du pas-à-pas introductif.

Étape ❷

Étape ❸

Étape ❹

Étape ❺

Étape ❻

Tu peux maintenant décorer la robe et les ailes avec des strass !
Inspire-toi du modèle ci-dessous ou suis tes envies.

La fée des cerisiers

Étape 1

Détache les éléments des planches correspondant à ta tenue.

Pour construire ta tenue, suis les étapes ci-dessous en t'aidant du pas-à-pas introductif.

Étape 2

Étape 3

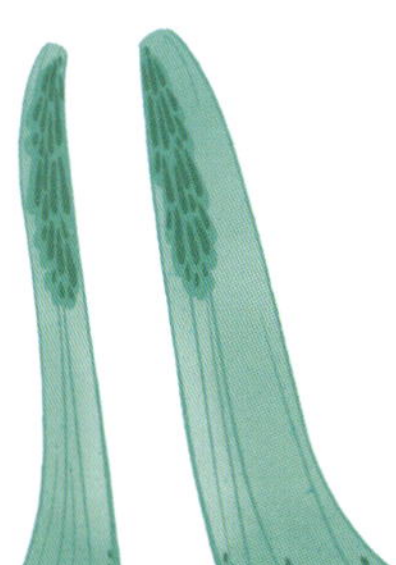

Étape ❹

Étape ❺

Étape ❻

Tu peux maintenant décorer la robe et les ailes avec des strass !
Inspire-toi du modèle ci-dessous ou suis tes envies.

La fée ballerine

Étape ❶

Détache les éléments des planches correspondant à ta tenue.

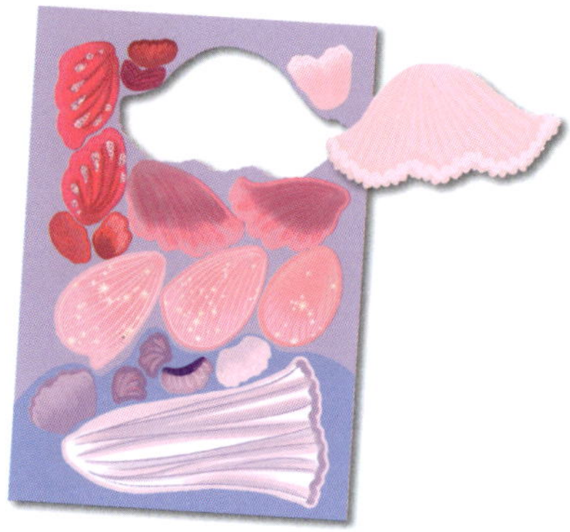

Pour construire ta tenue, suis les étapes ci-dessous en t'aidant du pas-à-pas introductif.

Étape ❷

Étape ❸

Étape ❹

Étape ❺

Étape ❻

Tu peux maintenant décorer la robe et les ailes avec des strass !
Inspire-toi du modèle ci-dessous ou suis tes envies.

La fée des lucioles

Étape ❶

Détache les éléments des planches correspondant à ta tenue.

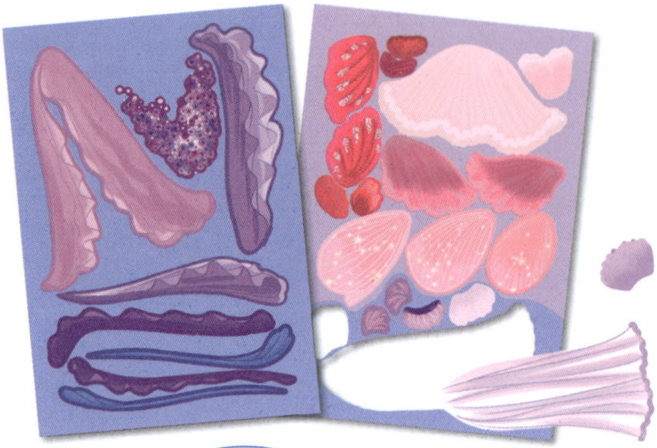

Pour construire ta tenue, suis les étapes ci-dessous en t'aidant du pas-à-pas introductif.

Étape ❷

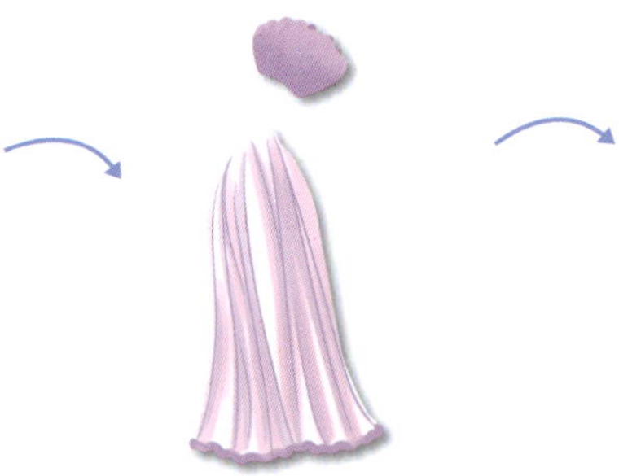

Étape ❸

Étape ❹

Étape ❺

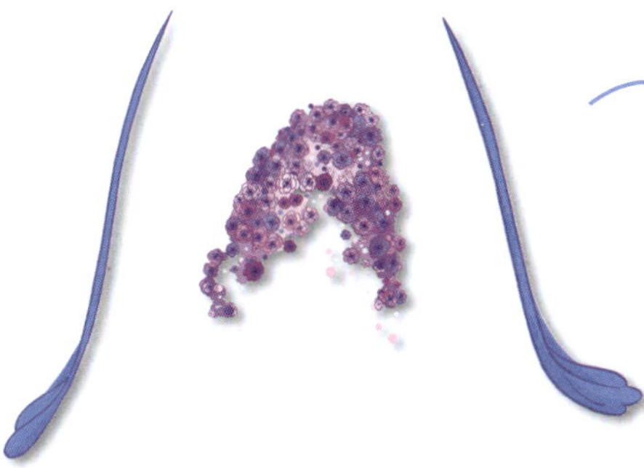

Étape ❻

Tu peux maintenant décorer la robe et les ailes avec des strass !
Inspire-toi du modèle ci-dessous ou suis tes envies.

La fée de la forêt

Étape ❶

Détache les éléments des planches correspondant à ta tenue.

Pour construire ta tenue, suis les étapes ci-dessous en t'aidant du pas-à-pas introductif.

Étape ❷

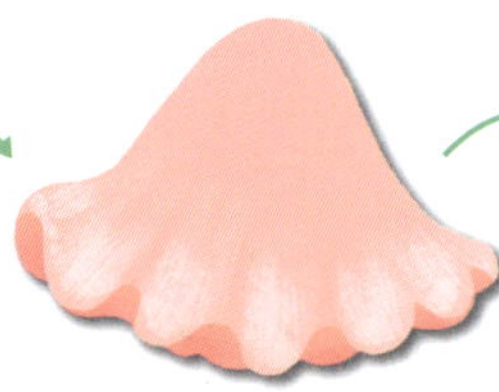

Étape ❸

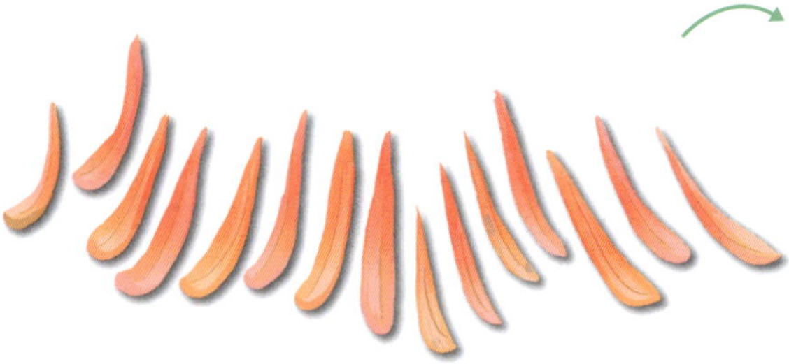

Étape ❹

Étape ❺

Étape ❻

Tu peux maintenant décorer la robe et les ailes avec des strass !
Inspire-toi du modèle ci-dessous ou suis tes envies.

La fée des fleurs

Étape ❶

Détache les éléments des planches correspondant à ta tenue.

Pour construire ta tenue, suis les étapes ci-dessous en t'aidant du pas-à-pas introductif.

Étape ❷

Étape ❸

Étape ❹

Étape ❺

Étape ❻

Tu peux maintenant décorer la robe et les ailes avec des strass !
Inspire-toi du modèle ci-dessous ou suis tes envies.

Découvre tes fées